IMPRESSIONS & SOUVENIRS

Trois Semaines en Italie

MILAN — VENISE — PADOUE — LORETTE

ROME — NAPLES — POMPÉI

1912

LILLE
IMPRIMERIE DE LA CROIX DU NORD

Trois semaines en Italie ! Séjour, hélas, trop court pour visiter comme il conviendrait cet admirable pays si riche en souvenirs grandioses, en monuments si magnifiques.

J'ai voulu essayer, par les pages qui vont suivre, à rendre un peu des impressions que j'ai ressenties. J'ai voulu, surtout, laisser à mes Enfants un petit souvenir de ce magnifique voyage, en leur indiquant, trop sommairement peut-être, tout ce que j'ai pu voir; mais avec l'espoir pourtant de les intéresser et de leur inspirer l'idée de réaliser un jour un voyage semblable, persuadé que comme moi, ils éprouveront de fécondes émotions qui affermiront leur foi.

Je dédie humblement ces quelques pages au T. R. Père général de la Congrégation des Religieux du Très-Saint-Sacrement; c'est grâce à lui, à son invitation si gracieuse, que je dois d'avoir accompli ce beau voyage. Qu'il me permette donc de lui offrir ce simple récit, comme un faible gage de ma reconnaissance et de mes remerciements pour l'accueil si cordial et si sympathique que j'ai reçu de lui et de ses excellents Religieux. J'en conserverai toujours le plus agréable souvenir.

Je remercie, aussi, bien sincèrement les Pères Jarland et Rickner, qui m'ont servi de guide dans mes premières promenades à Rome, leurs explications et les abondants renseignements qu'ils m'ont donné, m'ont beaucoup aidé dans la rédaction de ce récit.

Lille, le 15 février 1912.

Ed. BUISINE,

CHEVALIER DE SAINT GRÉGOIRE LE GRAND.

TROIS SEMAINES EN ITALIE

EN ROUTE

S'il est un voyage désirable pour un catholique et pour un artiste, c'est assurément un voyage en Italie, où tant de reliques insignes et de monuments religieux doivent impressionner un chrétien, et où tant de chefs-d'œuvre d'architecture, de sculpture et de peinture élèvent l'âme de l'artiste et constituent pour lui la plus admirable et la plus complète des leçons.

Depuis de longues années, j'avais le plus vif désir d'effectuer un voyage en Italie, d'aller visiter ses magnifiques monuments, d'admirer ces imposantes ruines de l'Architecture Romaine et les splendides Eglises qui, sur tous les points de l'Italie et particulièrement à Rome, attestent, à travers les siècles, la vivacité de la foi autant que le talent des artistes qui les ont édifiées et ornées.

Les occupations incessantes de mon industrie ne

m'avaient jamais permis de m'absenter suffisamment pour accomplir un voyage de cette importance, et je m'étais résigné à la pensée de ne jamais visiter ce beau pays d'Italie, lorsque vint se présenter, pour moi, une occasion toute particulière dont je m'empressai de profiter.

En relations d'affaires, depuis quelques années, avec les RR. Pères du Saint-Sacrement, je reçus dans le courant de l'été dernier, la visite du T. R. Père général, résidant à Rome, et qui passait par Lille, se rendant au chapitre général à Bruxelles, accompagné du R. Père supérieur de la Maison de ces religieux à Buenos-Aires. Invité de la plus aimable façon à me rendre à Rome, par le R. P. général, je me décidais à entreprendre ce beau voyage en compagnie du R. P. de Buenos-Aires, et le dimanche 5 novembre 1911 nous quittions Paris pour arriver le soir même à Lucerne, où nous avions à nous arrêter quelques heures pour certaines affaires.

Le lendemain, lundi, nous prenions le bateau pour arriver à Fluelen, vers le soir, après avoir traversé l'admirable lac des Quatre-Cantons, entouré de tous côtés par les massifs des Alpes dont la hauteur varie entre 800 et 2.500 mètres. A Fluelen nous quittons le bateau pour prendre le train qui, muni de deux puissantes machines, s'engage dans le célèbre tunnel de Wassen, d'une longueur de 1.100 mètres, pénètre ensuite dans le tunnel de Saint-Gothard, sur une longueur de 14.912 mètres, pour arriver à Airolo.

La nuit étant venue, il ne nous fut pas possible d'admirer les sites magnifiques de Biasca, Bellinzona, Locarno sur la rive droite du Lac Majeur et de Lugano, sur le charmant lac du même nom.

Quelques instants plus tard nous arrivions à Chiasso (frontière italienne), où l'on nous invite à descendre pour la visite de la douane. Arrivant en Italie pour la première fois, je supposais que les agents, plus accommodants qu'en France, ne m'auraient pas inquiété pour la petite provision de tabac que j'avais emportée pour le voyage, ayant entendu dire que le tabac italien était généralement mauvais : grande fut ma surprise quand l'inspecteur, après avoir pesé mon tabac, me dit qu'il me le confisquait si je ne consentais à payer 7 fr. 50 de droits pour 450 grammes de tabac français d'une valeur de deux francs. Ne voulant pas acquitter ce droit qui me parut excessif, je prie cet employé zélé de m'autoriser au moins à remplir une petite blague que je portais sur moi, ce qu'il accepte volontiers. Profitant alors de son inattention, j'enlève tout le tabac que contenait ma boîte, je le fourre dans ma valise et je remonte dans mon compartiment sans me retourner. Le train se remit en marche presqu'aussitôt, je n'en étais pas fâché, mais j'aurais voulu voir la tête de l'inspecteur retrouvant, après mon départ, la boîte vide que j'avais pris soin de lui laisser en souvenir de mon passage à Chiasso.

Vers dix heures du soir nous arrivons à Milan, capitale de la Lombardie, ville très importante de 600.000

habitants; belles et larges rues brillamment éclairées à l'électricité. La voiture que nous avions prise à la gare nous amène dans un excellent hôtel situé à deux pas de la Cathédrale, et dans lequel nous passons une bonne nuit.

Le mardi matin, notre première visite, la seule du reste que nous devions faire à Milan, fut pour la Cathédrale, où le Père célébra sa messe sur le tombeau de Saint Charles Borromée. La Cathédrale de Milan, édifice gothique entièrement en marbre blanc, est une des plus vastes Eglises du monde ; sa superficie est de 11.700 mètres carrés. A l'extérieur, 2.000 statues de marbre décorent les pignons et les pinacles. Malgré les dimensions grandioses de cette Eglise, malgré la richesse extraordinaire de ses sculptures, l'impression que l'on ressent à sa vue n'est pas heureuse : cette construction tout en marbre est un phénomène, mais ce n'est assurément pas un chef-d'œuvre.

Cette visite terminée, nous quittons Milan pour nous rendre à Venise où nous arrivons vers deux heures, après avoir franchi le pont de quatre kilomètres qui sépare la ville de la terre ferme. A la sortie de la gare nous sommes assaillis par une nuée de gondoliers qui se disputent en nous offrant leurs services pour nous conduire au centre de la ville où l'on ne peut arriver que par eau : nous nous contentons de prendre le bateau à vapeur, à prix fixe, unique moyen de ne pas se faire voler par les gondoliers.

VENISE

Venise fut jadis la cité la plus florissante de l'univers. Sa population actuelle n'est plus que de 150.000 habitants. Ses maisons et ses palais bâtis sur pilotis dans les lagunes ou bas-fonds de la Mer Adriatique, s'élèvent du sein des flots sur une surface mesurant environ 12 kilomètres de tour : plus de 150 canaux la divisent en 117 îles réunies les unes aux autres par 378 ponts de pierre ou de bois. Un dédale de ruelles étroites, souvent à peine 1^{m}50 de largeur, s'étend dans les intervalles. Le centre du mouvement est à la place Saint-Marc, appelée la Piazza, et à la Piazetta, qui la prolonge en retour d'équerre vers la mer.

Après avoir parcouru le grand canal, de chaque côté duquel s'élèvent d'anciennes constructions de style gothique mélangé d'arabe, les unes très riches, les autres très lamentables, mais intéressantes, néanmoins, par leur situation étrange, leurs colorations variées et patinées par le temps, nous débarquons au quai des Esclavons, bordant la mer, pour nous rendre sur l'incomparable place Saint-Marc.

D'une longueur de 175 mètres sur 56 de large, cette place, entièrement pavée de dalles de trachyte et de marbre, est entourée, à droite et à gauche, de constructions importantes dont les parties inférieures sont occupées par des magasins de tous genres. Au fond de la place, l'Eglise Saint-Marc, de style bysantin mélangé de gothique avec un luxe étonnant de sculptures enrichies de couleurs et de dorures qui lui donnent un merveilleux aspect. Plus de 500 colonnes en marbres d'Orient sont distribuées à l'intérieur comme à l'extérieur de l'Eglise. De toutes parts, une profusion de mosaïques et d'ornements, en bronze ou en marbre. Sur la Piazza voltigent des multitudes de pigeons abandonnés aux soins du public et nourris par les passants. Tous ces pigeons se nichent et élèvent leurs familles dans les sculptures extérieures de l'Eglise qu'ils affligent d'une décoration spéciale dont elles pourraient se passer.

La Piazzetta, contiguë à la place Saint-Marc, s'étend jusqu'aux lagunes; le côté droit est entièrement occupé par le musée, et le côté gauche par le célèbre Palais des Doges. De cette place on a une vue superbe de l'Eglise Saint-Georges le Majeur, située sur une île, à environ 300 mètres en mer.

Le Palais des Doges ou Palais Ducal est une construction très importante de style gothique décadent : le rez-de-chaussée et le premier étage sont composés de deux belles galeries superposées revêtues de marbre multicolore; l'ornementation des chapiteaux de la galerie inférieure est entièrement variée. A côté de

cette galerie se trouve le portail principal, de style
flamboyant, qui montre déjà l'influence de la Renaissance. A l'intérieur du Palais, les façades sont également composées de galeries qui sont plutôt traitées en
style Renaissance ; au milieu de la cour, deux belles
margelles de puits. Les deux étages contiennent des
salles magnifiques, les plafonds sont d'une très grande
richesse et d'innombrables peintures proclament la
gloire de Venise et des Doges en des représentations
historiques ou en des allégories chrétiennes ou mythologiques.

A côté du Palais s'élève la Prison, réunie au Palais
par le célèbre Pont des Soupirs. Je me rends ensuite
sur le Môle, large quai devant le Palais et principale
station des gondoles. Le quai des Esclavons, où abor-
daient jadis les navires marchands de Dalmatie, s'étend
sur une longueur d'au moins 600 mètres ; il est très
animé et c'est, en hiver, la promenade la plus enso-
leillée de Venise. En le parcourant, je rencontre une
statue équestre en bronze de Victor-Emmanuel ; plus
loin, l'Eglise Sainte-Marie, peu intéressante, l'Arsenal
et les Jardins Publics, dont la visite ne m'intéresse
aucunement. Retournant sur mes pas, j'arrive en face
de la belle Eglise de Saint-Georges le Majeur, que je
ne puis visiter car il faudrait traverser le grand canal,
et le temps me manque.

Après cette première promenade, le Père me quitte
pour se rendre seul à Padoue, où il désire célébrer la

messe le lendemain, de bonne heure, sur le tombeau de Saint Antoine, son patron. Je reste seul à Venise où je continue ma promenade dans les ruelles principales de cette étrange ville, où l'on n'a pas à craindre d'être écrasé, car il n'y circule ni automobiles, ni voitures d'aucune sorte.

Le mercredi matin je suis réveillé, au petit jour, par une sérénade chantée sous mes fenêtres, d'une très agréable voix, par un mendiant qui a sans doute l'habitude de venir donner des aubades sous les fenêtres des hôtels, dans l'espoir que les voyageurs lui lanceront quelques sous. L'Italie est un pays de mendiants, mais les mendiants musiciens, quand ils ne sont pas trop mauvais, ont assurément plus de succès que les parasites, que rien ne rebute et qui s'obstinent à vous poursuivre pour vous rendre des services que vous ne sollicitez pas.

Aussitôt levé, je parcourus encore quelques quartiers, tout en prenant des photographies, et me dirige en bateau vers la gare pour y prendre le train qui me conduit à Padoue, où j'arrive vers midi. Pendant le trajet en bateau sur le grand canal de Venise, je rencontre un enterrement en gondole : le cercueil repose sur le plancher du bateau, il est escorté par six hommes revêtus de costumes noirs à bordures jaunes. La gondole spécialement affectée au transport des morts est enrichie de sculptures peintes en noir et jaune; je distingue à la proue une tête de mort surmontée d'une croix : ce triste cortège m'a intéressé, car c'était la première fois que je voyais un enterrement en bateau.

PADOUE = LORETTE

Descendant du train à midi, je traverse Padoue pour arriver à la Basilique, située au bout de la ville. C'est une construction très importante avec sept coupoles ; à l'intérieur on y voit de superbes tombeaux d'une grande richesse et de belles chapelles décorées de peintures. Le corps de Saint Antoine repose sous l'autel de gauche, dans le transept ; on y prie en étendant les mains sur les parois du tombeau ; l'autel est entouré d'innombrables ex-voto, gages de reconnaissance de tant de chrétiens qui ont invoqué ce grand Saint, si populaire.

Après avoir dîné dans un restaurant rempli de clients, où j'ai beaucoup de peine à me faire servir car personne n'y parle français, je reprends le train vers 2 heures pour Ancône, où j'arrive à minuit. Je n'étais pas encore descendu de wagon qu'un facchino (porteur) s'était déjà emparé de mes bagages ; je le suis, sans protester, dans un modeste hôtel situé en face de la gare, où, après quelques heures de repos, je repris, à 6 heures du matin, le train pour Lorette.

Le temps est superbe, je traverse ce joli pays d'Ancône, que borde la mer, et j'éprouve quelque émotion en passant à Castelfidardo, Mentana, Monte-Libretti, campagne vénérable arrosée par le sang des Zouaves Pontificaux, vers 1868 et 1869. Je venais alors de faire ma Première Communion au collège de Saint-Bertin, à Saint-Omer, et j'y ai connu plusieurs élèves qui nous quittèrent alors pour s'enrôler volontairement sous la bannière de Charette. Hélas ! combien sont morts au champ d'honneur, pour la défense du Pape et des Etats Pontificaux.

En arrivant à Lorette, je trouve une diligence qui, en quelques instants me transporte sur la petite montagne que domine la Basilique si vénérée, contenant dans ses murs la maison de la Sainte-Vierge transportée par les Anges.

Au moment même où j'entre dans la Sainte Maison (Santa Casa), le Père y commence la Messe sur un petit autel installé au fond de la maisonnette, dont on n'aperçoit que les quatre murs en briques noircies par le temps, usées et brillantes par les baisers des innombrables pèlerins qui, de toutes les extrémités du monde, sont venus et continuent de venir en foules prier dans ce Sanctuaire si vénérable ! Agenouillé comme tout le monde, sur le pavé, je restais là jusqu'à la fin de la

Messe, rempli d'émotion à la pensée que ces murs avaient abrité la Sainte Vierge, Saint Joseph et l'Enfant Jésus. C'est bien ici qu'Il fut élevé, qu'Il grandit en travaillant près du bon Saint Joseph, pendant que la Sainte Vierge filait la laine en chantant ou s'occupait des soins du ménage. Je me sentais heureux dans cette pauvre masure et j'étais très impressionné par la piété des fidèles qui l'emplissaient. La Messe étant terminée, je découvre, en circulant à l'extérieur de la maison, une porte que je n'avais pas remarqué tout d'abord; j'entre dans un petit réduit annexe à la maison et qui devait sans doute servir de cuisine : une femme était entrée dans la cheminée, je n'apercevais que les parties inférieures de son corps, et quand je m'approchais d'elle, je la vis prier avec la plus grande ferveur, les mains et les lèvres appuyées contre le mur intérieur de la cheminée.

Nous visitons ensuite l'incomparable trésor de la Basilique, dont la valeur est inestimable : présents des Souverains Pontifes, présents des Empereurs, des Rois et des Reines de tous les pays. Les vitrines qui garnissent les quatre côtés de la salle sont remplies de couronnes et diadèmes ornés des pierres les plus précieuses, ornements divers, objets du culte les plus artistiques et les plus riches; Monseigneur de Marcy nous sert de guide avec la plus grande amabilité et, au moment où nous le quittons, me remet quelques jolies fleurs cueillies dans son jardin particulier: j'aurais souhaité des fleurs du jardin de la Sainte Vierge, mais les Anges ont oublié de l'apporter avec la maison.

Notre visite à Lorette est terminée. Nous retournons à Ancône dans un site magnifique, entre deux promontoirs qui s'étendent dans l'Adriatique; la Cathédrale qui domine la ville fut construite sur l'emplacement qu'occupait un temple à Vénus.

Nous reprenons le train, vers 3 heures, pour arriver à Rome à minuit : une voiture nous transporte au galop via del Pozzetto, chez les Pères du Saint-Sacrement ; deux Religieux nous attendaient : nous prenons possession de nos chambres pour y trouver un repos bien nécesaire après cet interminable voyage d'Ancône à Rome.

ROME

Le vendredi matin, vers 8 heures, le R. Père général vient me souhaiter la bienvenue et me propose de l'accompagner pour la première visite que tout catholique doit faire en arrivant à Rome : à Saint-Pierre.

Après avoir traversé de très beaux quartiers anciens et modernes, où s'élèvent de très riches maisons et de nombreux magasins, nous arrivons place Saint-Pierre, et mettons pied à terre devant cette immense place entourée circulairement d'une série d'arcades formant trois galeries couvertes, dont celle du milieu est assez large pour laisser passer deux voitures de front. 284 colonnes et 88 piliers supportent les arcades qui sont munies d'une balustrade ornée de 162 grandes statues en marbre, de Saints et de Saintes. La place mesure 340 mètres de longueur et 240 mètres de largeur; elle peut contenir facilement cent mille personnes : au centre, s'élève un superbe obélisque de 25^m50 de hauteur, apporté d'Héliopolis à Rome par Caligula, érigé dans le Cirque et transporté, en 1586, sur la place Saint-Pierre; de chaque côté de l'obélisque s'élèvent deux belles fontaines à 14 mètres de hauteur.

Au fond de la place s'élève la Basilique de Saint-Pierre, qui est la plus grande Eglise du monde. La façade a 112^m60 de largeur et 30 mètres de hauteur ; au-dessus de l'entrée de milieu est la Loggia, d'où le Pape donnait, le jour de Pâques, la bénédiction *Urbi et Orbi*. Après avoir traversé le portique nous pénétrons dans l'intérieur, dont l'aspect est imposant par les dimensions colossales de l'ensemble et par l'harmonie si parfaite des proportions. Je ne puis songer, dans ce court récit de voyage, à entrer dans la description de toutes les merveilles qui décorent Saint-Pierre : magnifiques tombeaux des Papes, colossales statues en marbre de tous les grands fondateurs d'Or-

dres, admirables mosaïques, marbres les plus précieux et les plus rares, bronzes les plus artistiques, etc. Sous la coupole s'élève le Maître-autel surmonté d'un immense baldaquin supporté par quatre colonnes torses en bronze très richement décorées de feuillages. Le Pape seul célèbre la Messe sur cet autel qui, pour cette raison, est désigné sous le nom d'Autel Papal.

Devant l'autel s'ouvre la Confession, entourée d'une balustrade et de 90 lampes en argent massif toujours allumées; un double escalier de marbre conduit au fond du caveau, fermé par des portes très finement ciselées en bronze doré, derrière lesquelles se trouve le tombeau de Saint Pierre. Quelle impression n'ai-je pas ressentie en m'agenouillant devant le tombeau de ce pauvre pêcheur, premier représentant du Christ sur la terre !

Je ne puis omettre de dire, pour donner une bien faible idée des proportions de la coupole de Saint-Pierre, que les quatre piliers qui la supportent ont chacun 71 mètres de tour, ce qui n'enlève rien à leurs proportions harmonieuses.

Je passe devant la statue de Saint Pierre, assis dans une chaire de marbre. Cette statue est très ancienne, on la suppose du V⁰ siècle. Le pied droit est presque usé tant il a été baisé par les fidèles: au-dessus se trouve le portrait de Pie IX, en mosaïque.

En sortant de Saint-Pierre, nous jetons un coup d'œil sur le Vatican, et le Père général me montre les fenêtres des appartements du Saint-Père, situés au deuxième étage de l'aile droite du Palais.

L'après-midi de cette première journée, je visite d'autres Eglises et parcourt de nouveaux quartiers afin de m'orienter un peu dans cette immense ville de 400.000 habitants. Pendant mon séjour à Rome, qui a duré dix jours, je passe mes journées à visiter les Eglises les plus intéressantes et les monuments de l'ancienne Rome. Je ne puis décrire en détail les magnifiques Eglises que j'ai visitées, et me borne à citer celles qui m'ont le plus vivement intéressé.

Rome, métropole de l'univers catholique, est une des villes du monde les plus riches en monuments du passé et en chefs-d'œuvre de l'art. Le Tibre la traverse en la divisant en deux parties très inégales d'aspect. Sur la rive gauche et à l'entrée de Rome, se trouve la place du Peuple, près de la porte du même nom, place au centre de laquelle s'élève un bel obélisque de 36 mètres de hauteur : de cette place partent les trois principales rues de la ville ; entre ces rues s'élèvent en façade sur la place, l'Eglise Sainte-Marie du Peuple, l'Eglise Sainte-Marie du Miracle et celle de Sainte-Marie de la Montagne.

Sur la colline voisine qui domine la place, se trouve le jardin public ou Pincio, où je me rends pour admirer le panorama de la ville : dans le bas je vois la place du Peuple; plus loin, le Tibre, le château Saint-Ange et le dôme gigantesque de Saint-Pierre.

Je passe ensuite devant la Villa Médicis, où, pendant trois années, les lauréats des prix de Rome viennent compléter leurs études aux frais de l'Etat français.

Continuant ma promenade, j'arrive à l'Eglise de la Trinité-des-Monts, église à deux tours entre lesquelles s'élève un obélisque. Cette Eglise étant fermée, je descends l'escalier de 137 marches qui lui fait face sur la place d'Espagne, au centre du quartier des Etrangers; un peu plus loin je vois le Palais d'Espagne, en face duquel a été érigée la Colonne de l'Immaculée Conception, en mémoire de la proclamation du dogme.

J'arrive alors à la Fontaine de Trèvi, la plus magnifique de Rome; les statues de Neptune, de la Santé et de la Fécondité en décorent les niches principales. Je me dirige ensuite vers le Forum de Trajan, que je ne fais qu'apercevoir, car le jour est prêt de finir et je rentre chez les bons Pères du Saint-Sacrement qui, pendant mon séjour à Rome, m'ont offert la plus aimable hospitalité.

Je prends mes repas avec eux : à midi et demi et à sept heures et demie ; je me trouve au réfectoire au milieu de ces saints Religieux; le R. Père général préside aux repas qu'il bénit; je prends place à sa table, en face de lui, et me restaure à mon aise pendant qu'à tour de rôle les Pères font la lecture tantôt en italien et tantôt en français. La nourriture est excellente et variée; le vin est bon et je me contenterais facilement de cet ordinaire.

Après le repas du soir je remonte dans ma chambre où, chaque soir, vient me rejoindre le Père général; je lui conte mes visites et mes impressions de chaque jour; à neuf heures et demie, au son de la cloche, il me quitte pour rentrer dans sa chambre.

L'Eglise desservie par les Religieux du Saint-Sacrement, est dédiée à Saint Claude; le Saint-Sacrement y est exposé jour et nuit, et deux Religieux sont toujours en adoration pendant une heure. Chaque matin et chaque soir je ne manque pas de m'arrêter quelques instants dans ce saint Lieu, et toujours je suis édifié par la foule qui remplit la petite Eglise, foule composée des personnes les plus riches, dont les équipages stationnent sur la place voisine, personnes qui interrompent leurs courses d'affaires ou leurs promenades pour venir se recueillir quelques instants devant le Saint-Sacrement; personnes pauvres, ouvriers sans travail, femmes à l'aspect misérable et triste qui viennent, elles aussi, se prosterner devant Dieu pour demander secours et courage. Ces pauvres femmes sans chapeaux, se couvrent la tête de leurs mouchoirs, car il n'est pas d'usage que les femmes entrent nu-tête dans les Eglises.

Le dimanche matin, 12 novembre, je me rends au Vatican en compagnie du Père Jarland, chargé, par le Père général, de demander pour nous une audience du Saint-Père. Monseigneur Samper que nous comptons voir à cet effet n'est pas chez lui, le Père laisse un mot au valet de chambre et il est convenu que nous irons chercher la réponse lundi matin.

Nous nous dirigeons alors vers les quartiers de la Rome ancienne; nous passons devant le monument qu'on élève depuis quelques années à Victor-Emmanuel, et avec un serrement de cœur nous lisons sur le piédestal de la colossale statue équestre de cet usurpateur : « A Victor-Emmanuel, l'unificateur de l'Italie, la Patrie reconnaissante ». Ce monument grandiose, il faut le dire, doit coûter 25 millions; il est composé d'une colonnade circulaire, au milieu de laquelle s'élève la statue en bronze doré; à droite, nous trouvons le Capitole sur la place du même nom, on y accède par un large escalier orné des statues de Constantin et de son fils ; le milieu de la place est décoré par une superbe statue équestre de Marc-Aurèle. Sur le côté, dans le jardin, j'aperçois une louve dans une cage de fer; il paraît que depuis un temps immémorial, la ville de Rome entretient, à ses frais, une louve en souvenir de sa fondation par Romulus et Remus qui, dit l'histoire, furent allaités par une louve.

Le Capitole est composé de plusieurs palais occupés par les services municipaux et les musées. Après l'avoir traversé, nous arrivons au Forum Romain, ensemble des ruines des Palais et des Basiliques de l'époque Romaine.

La vue de cet ensemble, si grandiose et si imposant, me cause une profonde impression. Voilà les ruines, accumulées par les siècles, de cette puissance romaine qui gouvernait le monde. Voilà ce qui reste de ces monuments fastueux, habités par les Empereurs les plus puissants et les plus riches ! Que de souvenirs se pressent en mon esprit ! Que n'ai-je relu mon histoire romaine avant de me rendre à Rome !

Cependant, grâce aux explications du bon Père qui me sert de guide, j'apprends à connaître ces belles ruines qui témoignent hautement encore de la richesse du peuple romain, de sa puissance, de la capacité extraordinaire des architectes, de l'habileté des artistes de tous genres qui ont édifié ces splendides palais avec une hardiesse qui n'a pas été dépassée. On s'étonne en voyant à Paris l'obélisque de la place de la Concorde, dont l'érection a constitué un véritable tour de force, d'habileté et de précision; que dire ici devant ces ruines imposantes : des colonnes monolithes de 12 à 15 mètres de hauteur sont encore debout; des tronçons de colonnes de 1m40 à 1m50 de diamètre gisent de tous côtés; des fragments d'entablements gigantesques se rencontrent à chaque pas, couverts de sculptures fines et délicates; les moindres fragments dont le sol est couvert attestent la science et l'habileté de ces artistes romains qui sont et demeureront assurément nos maîtres dans l'art de construire et de décorer.

Je regrette ne pouvoir ajouter, dans ce court récit, quelques plans et surtout quelques photographies que j'ai prises pour aider et faciliter mes explications, et je vais donc me borner à énumérer sommairement les ruines des monuments principaux qui constituaient ces anciennes parties de Rome.

Le Forum comprend le terrain situé entre le Palatin
et l'Esquilin ; ce fut d'abord un marché. Par la suite
on y transporta les Monuments publics, les Basiliques
qui n'étaient, à ces époques lointaines, que des cours
carrées entourées de portiques et servant aux audien-
ces judiciaires et au commerce.

Les empereurs César et Auguste y firent élever
d'importantes constructions, des colonnes, des statues, des arcs de triomphe et des temples aux diverses divinités païennes. Au VIe siècle après Jésus-
Christ commença l'époque de la ruine ; pendant
près d'un millier d'années les édifices antiques ser-
virent de carrières; on en tira pour les Eglises et les
Palais nouveaux, les colonnes et les pierres de taille,
et une quantité énorme de marbres travaillés qui servi-
rent à faire de la chaux ! Les décombres s'amoncelè-
rent, en certains endroits, jusqu'à 12 mètres de hauteur au-dessus du pavé antique. Enfin, au XIXe siècle
commencèrent les travaux de déblaiement qui se pour-
suivent encore actuellement dans certaines parties,
notamment du côté du Palatin, dont je parlerai plus
loin.

Voici les ruines principales que j'ai vues dans le
Forum : celles du Tabularium, où se tenaient les écri-
vains publics et les changeurs; le Portique des douze
dieux; le Temple de Saturne, dont il ne reste que huit
colonnes; trois colonnes du Temple de Vespasien, construit par Domitien; le temple de la Concorde; l'Arc de

de Septime Sévère, de 23 mètres de hauteur sur 25 de largeur, érigé en 203 après Jésus-Christ, à la mémoire de Vespasien et de ses fils, il était surmonté de la statue de l'empereur couronné par la victoire sur un char à six chevaux. La colonne de Phocas, la tribune aux harangues de l'époque d'Auguste; c'est de cette tribune que l'on parlait au peuple. Cicéron y prononça plus d'un discours. La colonne milliaire d'où l'on mesurait les routes partant de Rome; la voie sacrée; la Basilique Julia consacrée par César l'an 46 avant Jésus-Christ; elle mesurait 101 mètres de long et 50 mètres de large; on y rendait la justice; au Moyen-âge on la transforma en Eglise. Le Comitium, la Basilique Porcia, la Basilique Emilienne, le Temple de César, l'Arc de triomphe d'Auguste, le Temple de Castor et Pollux, dont il ne reste que le soubassement surmonté de trois magnifiques colonnes en marbre de Paros. Sainte-Marie l'Antique du VIᵉ siècle, le Temple de Vesta, le Palais des Vestales, dont les restes sont très intéressants et dont on retrouve facilement la disposition générale. Le Temple de Faustine, l'Eglise Saint-Côme et Damien, la Basilique de Constantin, qui devait être colossale si l'on en juge par les trois arcades qui sont encore debout; elle fut construite par Maxime et remaniée par Constantin; elle formait un rectangle de 100 mètres de long et 76 de large et avait trois nefs dont les énormes voûtes ont servi de modèles à quantité d'architectes modernes; celle de la nef de droite, qui existe encore, mesure 20^{m}50 de largeur, 17^{m}50 de profondeur et 24^{m}50 de hauteur.

Un peu plus à droite s'élève l'Arc de triomphe de Titus, construit en mémoire de la défaite des Juifs par Titus, 70 ans après Jésus-Christ. En suivant la voie sacrée qui descend vers le Colysée, j'aperçois les ruines du Temple de Jupiter Stator et l'abside du Temple de Vénus et Rome, construits par Adrien 135 ans après Jésus-Christ.

Me voici devant le Colysée fondé par Vespasien et achevé par Titus : le Colysée est le plus grand théâtre et l'un des édifices les plus remarquables du monde entier; il est construit en briques et en pierre de travertin et devait être recouvert de plaques de marbre entièrement disparues. La circonférence elliptique de l'édifice mesure 524 mètres, il était composé de quatre étages, les trois premiers formés par des arcades ornées de statues : on y entrait par quatre entrées principales à trois baies, l'une était réservée à l'empereur, et les autres servaient pour l'entrée des cortèges solennels et celui des bêtes et des machines. L'intérieur pouvait contenir 80.000 personnes dont 50.000 assises sur des gradins soutenus par des rangées d'arcades. Le cirque était à ciel ouvert, mais pendant les spectacles on tendait des voiles au-dessus des spectateurs pour les protéger des ardeurs du soleil. L'arène mesure 86 mètres sur 54; elle avait de vastes soubassements au bord desquels se trouvaient les cages des bêtes féroces ; d'importants aqueducs y amenaient l'eau en abondance lorsque se livraient dans le cirque des combats navals. Le Colysée fut inauguré par des jeux qui durèrent 100 jours et coutèrent la vie à 5.000 bêtes féroces.

C'est avec une vive et profonde impression que je parcours cet immense cirque, pensant surtout à tant de chrétiens qui y versèrent leur sang pour la foi, en présence de ces monstres que furent Néron, Domitien, Dèce, Dioclétien, Valérien et d'autres.

En quittant le Colysée, je me trouve devant l'Arc de Constantin, qui mit fin aux persécutions et institua la religion chrétienne en religion d'Etat ; cet arc de triomphe est très bien conservé et les sculptures en sont remarquables.

L'après-midi de ce premier dimanche nous partons en voiture à Saint-Paul-hors-les-Murs, superbe Basilique de 120 mètres de longueur sur 60 de large; j'y vois de magnifiques mosaïques représentant les portraits de tous les Papes depuis Saint-Pierre. Nous passons devant le tombeau de Cœcilia Metella, pour arriver ensuite aux catacombes de Saint-Callixte.

Un Père Trappiste nous remet des cierges allumés et nous accompagne dans les principales galeries, où nous pénétrons après avoir descendu un escalier d'une trentaine de marches ; impossible de tout visiter, car ces galeries souterraines s'étendent sur une longueur d'au moins trente kilomètres, elles sont situées à différentes profondeurs et creusées dans ce terrain si particulier qu'on appelle la Pouzzolane. Les galeries sont assez étroites; dans les parois sont creusés les tombeaux où l'on plaçait les morts, on refermait ensuite les ouvertures avec des dalles de marbre ou de pierre où l'on gravait les épitaphes. Les Trappistes, chargés de la garde et de l'entretien de cette catacombe, y continuent toujours les fouilles; on y a découvert des quantités de tombes de martyrs que l'on retrouve grâce aux inscriptions plus ou moins effacées ou à certains signes qui indiquaient les sépultures des chrétiens morts en confessant la foi. De place en place, j'aperçois de nombreux ossements, des lampes et objets divers rassemblés en tas et protégés par des grillages pour les soustraire aux larcins dont se rendent souvent coupables des visiteurs indélicats, malgré l'excommunication majeure qu'ils encourent.

Nous avons vu les tombeaux de plusieurs Papes et celui de Sainte Cécile. Cette visite aux catacombes m'a vivement intéressé, et la nuit était presque venue lorsque nous en sommes sortis pour rentrer dans la ville, car j'ai oublié de dire que les catacombes sont situées hors de Rome, dans la campagne, à quelque distance de la ville.

Lundi matin nous retournons au Vatican, où l'on me remet la lettre d'introduction pour l'audience du Saint-Père, à laquelle nous serons reçus mardi, à 11 heures. J'ai passé le reste de la journée à visiter de nouvelles Eglises : celles de Saint-Augustin, où se trouve Notre-

Dame de la Maternité, statue très vénérée à Rome par les futures mères. Les murs de l'Eglise sont couverts d'innombrables ex-voto, témoignages de la reconnaissance de tant de mères exaucées; la statue est en marbre, l'un des pieds est en bronze et a été remplacé déjà plusieurs fois, usé par les baisers incessants des fidèles. Trois fois, dans les siècles précédents, elle fut enlevée de sa place pour être transportée sur l'un des autels de l'Eglise, et trois fois, la nuit suivante, elle reprit sa place près de la porte d'entrée. Cette Eglise contient aussi le tombeau de Ste Monique, mère de St Augustin.

Je visite ensuite la splendide Eglise du Jésu, Eglise principale de la Compagnie de Jésus, où j'ai le bonheur de prier sur le tombeau de Saint Ignace, placé sous la table d'un superbe autel, au-dessus duquel s'élève un rétable très élevé encadré de grandes colonnes en lapis-lazuli et en bronze doré; ce rétable est surmonté des statues de Dieu le Père, du Christ, derrière eux le Saint-Esprit; au centre le Globe terrestre, d'un seul morceau de lapis-lazuli. Cette Eglise est une des plus riches et des plus magnifiques de Rome.

· Je me rends ensuite à l'Eglise Saint-Ignace, où je me trouve en face des tombeaux de Saint Louis de Gonzague et de Saint Stanislas, dont c'est justement la fête. L'après-midi, je suis allé à l'Eglise Saint-Pierre-aux-liens, pour y voir le chef-d'œuvre de Michel-Ange, l'incomparable statue de Moïse, devant laquelle je suis resté très longtemps en admiration. Je me dirige alors vers

Saint-Jean de Latran, la première des Eglises construites à Rome. La façade est imposante; la corniche est couronnée de superbes statues; l'intérieur comprend cinq nefs, le plafond en bois est d'une très grande richesse, d'énormes niches contiennent les statues colossales des apôtres ; j'y remarque l'autel Papal, où le Pape seul peut célébrer la Messe, cet autel est surmonté d'un riche baldaquin qui renferme quantité de reliques insignes et en particulier les crânes de Saint Pierre et de Saint Paul; j'y vois aussi le tombeau de Léon XIII, dont le sarcophage est surmonté de la statue du Pontife bénissant l'Eglise.

En sortant de l'Eglise je visite la Scala Santa, l'escalier du Palais de Pilate, à Jérusalem, qui fut monté par le Christ lorsqu'il se rendit devant Pilate, avant et après sa flagellation; cet escalier fut transporté à Rome par l'Impératrice Sainte Hélène : il est en marbre blanc, les marches ont été recouvertes de bois pour en empêcher l'usure trop rapide; comme c'est d'usage, je monte à genoux les vingt-huit marches.

Je reviens ensuite vers le centre de la ville en m'arrêtant de nouveau au Colysée et au Forum, car la vue de ces ruines m'attire et me captive de plus en plus.

Le mardi 14 novembre, je me rends au Vatican, à 11 heures, accompagné du R. Père général des Pères du Saint-Sacrement et du Supérieur de cette Congrégation à Buenos-Aires. Nous remettons notre lettre d'audience à un Garde Suisse, qui nous introduit dans

le premier salon d'attente des appartements du Saint-
Père, situés au second étage. Nous passons quelques
instants après, dans un second salon où nous station-
nons environ une demi-heure, car le Saint-Père n'est
pas encore libre. Nous voyons passer plusieurs Cardi-
nous, entr'autres le Cardinal Vanutelli qui se rend
directement au cabinet de travail du Pape; à son passage les Gardes Suisses se lèvent et présentent les
armes; des Gardes Nobles, des Prélats romains traver-
sent les salons, et la circulation de tous ces person-
nages nous intéresse beaucoup.

On nous introduit enfin dans un troisième salon, tout
proche du cabinet de travail du Saint-Père, et, après
quelques minutes d'attente, je le vois apparaître accompagné de son Secrétaire particulier. Sa démarche est
ferme, il s'avance doucement, la tête légèrement incli-
née et la physionomie un peu triste, mais dès qu'il arrive
près de nous sa figure change d'expression et c'est en
souriant qu'il s'approche de nous. Le R. P. général le
salue et me présente en termes très aimables et très flat-
teurs; le Saint-Père me donne sa main à baiser et me
relève en me bénissant, puis il bénit les deux bons Pères
qui m'accompagnaient, et après avoir béni les autres
personnes présentes à cette petite audience, il se retire
dans ses appartements.

Le Pape semble jouir d'une bonne santé malgré ses
76 ans; il parle français sans difficulté et entend par-
faitement ce qu'on lui dit; sa démarche est si simple, il

nous aborde avec tant de bienveillance que l'on ne se sent aucunement embarrassé en sa présence. Il est expressément interdit de lui présenter des photographies qui le représentent en lui demandant de les signer, mais un Religieux du Saint-Sacrement, le Père Asti, qui est en connaissance assez intime depuis de longues années avec le Saint-Père, lui a porté, quelques jours après l'audience, quatre photographies sur lesquelles le Saint-Père a apposé sa signature avec sa bénédiction.

J'ai consacré l'après-midi de cette journée à la visite de nouveaux monuments. Passant par la place Colonna je m'arrête devant la colonne de Marc-Aurèle, qui s'élève au milieu de la place, à 30 mètres de hauteur; elle est ornée de bas reliefs représentant les guerres de cet empereur; elle fut restaurée par le Pape Sixte-Quint, qui fit remplacer la statue de Marc-Aurèle, qui la surmontait, par celle de Saint Paul.

Je traverse ensuite la place de Venise et j'arrive au Forum de Trajan. Dans les parties mises à jour, qui mesurent 110 mètres sur 45, on remarque d'abord quatre rangées de colonnes de la Basilique Ulpia, au centre la colonne Trajane, entièrement en marbre; sa hauteur est de 40 mètres environ, l'intérieur en est creux et contient un escalier par lequel on atteint une plate-forme au centre de laquelle s'élève la statue de Saint Pierre, remplaçant celle de l'empereur Trajan, qui s'y trouvait d'abord. La surface extérieure de la colonne est gar-

nie du haut en bas de bas-reliefs en marbre blanc s'élevant en spirale et représentant des combats et des scènes diverses; ces bas-reliefs ont beaucoup servi à nous
conserver les formes des costumes guerriers de l'époque Romaine ainsi que des machines de guerre, des
armes et des armures et de nombreux instruments en
usage chez les Romains.

Je passe devant les restes du Forum d'Auguste,
où l'on voit encore trois belles colonnes corinthien-
nes, provenant du Temple de Mars. Le pavement
en marbre de la place du Forum est à près de sept mètres au-dessous du pavé actuel.

J'arrive ensuite au Forum Romain, près d'une petite
Eglise, dont je n'ai pas retenu le nom et qui a été construite au-dessus de la Prison Mamertine, où je pénètre après avoir payé l'entrée qui est gardée. Cette prison se compose de deux chambres rectangulaires superposées. On ne pénétrait dans l'étage inférieur que par
une ouverture faite dans la voûte. Heureusement, je ne
suis pas obligé de passer par cette ouverture, et par
un petit escalier j'arrive dans le cachot où moururent
Jugurtha, Vercingétorix et bien d'autres ennemis de
Rome, après leur défaite. C'est dans ce même cachot
que Saint Pierre et Saint Paul furent enfermés avant
d'être traînés aux supplices, et ce n'est pas sans une
grande émotion que je considère la borne de pierre où
étaient scellées les chaînes de Pierre et que j'aperçois
dans le pavé une petite source qui jaillit à la prière de

Saint Pierre, et lui permit de baptiser les prisonniers retenus avec lui dans cette affreuse prison.

Le mercredi matin, 16 novembre, trente-troisième anniversaire de mon mariage. Après avoir assisté à la Messe dans l'Eglise des Pères, je me suis rendu chez le R. Père général de la Compagnie de Jésus, avec l'espoir d'obtenir sa bénédiction toute spéciale pour mon cher fils Paul, entré dans la Compagnie depuis plus de trois ans. Je suis reçu aussitôt par le R. Père Fine, assistant général, avec lequel je m'entretiens assez longtemps; le Père général s'est fait excuser et remplacer par le R. Père assistant, parce qu'étant Allemand il lui est impossible de converser en français. J'expose au Père Fine l'objet de ma visite et en rentrant, le soir, via del Pozzetto, j'ai trouvé une très belle image envoyée à mon adresse par le R. P. général, avec une dédicace toute spéciale et sa bénédiction pour mon cher Paul.

Je retourne alors à Saint-Pierre, pour admirer de nouveau cette incomparable Basilique, puis je me dirige vers le Pont Saint-Ange, construit par l'empereur Adrien et orné de dix statues colossales d'Anges. Ce pont, situé au-dessus du Tibre, aboutit au château Saint-Ange ou mausolée qu'Adrien fit ériger pour lui et ses successeurs. Cette énorme construction cylindrique, de 64 mètres de diamètre, était jadis revêtue de marbre et la corniche supérieure ornée d'un grand nombre de statues en marbre. Ce fut la sépulture des Empereurs jusqu'à

Caracalla. Ce monument servit ensuite de forteresse et de citadelle à des tyrans; il est actuellement surmonté d'une énorme statue en bronze représentant Saint Michel, et les salles de l'intérieur servent de musées.

Longeant la rive gauche du Tibre, qui me produit l'effet d'une bonne petite rivière tranquille, je passe devant le Palais de Justice, grande construction moderne, richement décorée de sculptures, et après avoir parcouru d'assez longues rues très animées, j'arrive au Panthéon, seul édifice antique de Rome dont les murs et la voûte existent encore intacts. Il fut fondé par Agrippa; les murs ont près de sept mètres d'épaisseur, ils étaient revêtus de marbre, mais ici comme dans tous les monuments de Rome antique, les marbres ont été enlevés dans la suite des temps, pour servir à l'embellissement des palais et des maisons de Rome. Les colonnes du portique d'entrée ont 12^{m}50 de hauteur, leurs fûts ont 4^{m}50 de circonférence, l'intérieur est uniquement éclairé par une ouverture au centre de la coupole, ouverture qui mesure 9 mètres de diamètre et qui permet à la pluie de tomber tout à son aise dans l'intérieur du temple. Rien de bien intéressant au Panthéon; j'y aperçois les tombeaux, couverts de couronnes, de Victor-Emmanuel et du roi Humbert Ier, et je quitte ce fameux temple sans avoir le courage de réciter une prière pour ces deux célèbres coquins.

En sortant, me voici place de la Minerve, ornée d'un éléphant de marbre, sur le dos duquel repose un obélisque; je jette un coup d'œil dans l'Eglise Sainte-Marie de la Minerve, seule Eglise gothique existante à Rome; cette Eglise renferme beaucoup d'œuvres d'art de grand prix, entr'autres un beau Christ de Michel-Ange. Avec plus d'intérêt, je visite ensuite l'Eglise Saint-Louis des Français. J'y vois des plaques funéraires en souvenir d'illustres compatriotes morts à Rome.

J'arrive place Navone, sur l'emplacement d'un ancien cirque, me dit-on; cette place est très curieuse d'aspect, elle est ornée de trois belles fontaines; sur l'un des côtés se trouve l'Eglise Sainte-Agnès, le Palais Doria et l'Eglise Espagnole.

J'interromps ici ma promenade pour rentrer dîner et me reposer un peu des fatigues de cette matinée, et je pars ensuite pour visiter la nouvelle Eglise de Saint-Joachim, construite par Léon XIII en mémoire de Pie IX, son Prédécesseur; cette Eglise est très décorée de sculptures et de mosaïques, mais elle m'a peu intéressé, car son architecture et son ornementation laissent beaucoup à désirer.

Passant alors par la Porta Pia, où j'aperçois la plaque commémorative rappelant l'entrée des Garibaldiens dans Rome, en 1870, après l'invasion des Etats Pontificaux, j'arrive à la vieille Eglise de Sainte-Agnès hors les Murs, construite par Constantin sur le tombeau de Sainte-Agnès et reconstruite au VIIe siècle. On descend, pour arriver à l'Eglise, un escalier de marbre de 45 marches, ce qui produit un effet assez curieux.

L'intérieur de cette Basilique n'offre rien de particulièrement intéressant. Tout près de cette Eglise se trouve celle de Sainte-Constance, et, au-dessous, des catacombes que je n'ai pas visitées.

Jeudi matin, accompagné du R. P. général, j'ai conduit à la gare le Père supérieur de Buenos-Ayres, qui repart à Paris. De la gare, nous nous rendons à l'Eglise de Sainte-Marie des Anges, immense Eglise installée par les soins de Michel-Ange, dans le Tépidarium des Thermes de Dioclétien. Je vois dans cette Eglise la belle statue de marbre de Saint Bruno, d'immenses tableaux provenant de Saint-Pierre où ils furent remplacés par les mêmes sujets exécutés en mosaïque. Les colonnes intérieures de l'édifice mesurent 12 mètres de hauteur, elles sont en marbre et la plupart sont monolithes; cette Eglise est traversée en diagonale par une bande de cuivre posée sur le pavé et qui marque l'emplacement du Méridien.

Nous nous dirigeons ensuite vers Saint-Laurent hors les Murs, fondée par Constantin. Très ancienne et très intéressante Eglise avec de fort belles mosaïques, j'y ai remarqué, avec grand intérêt, les tombeaux de Saint Etienne et de Saint Laurent, près duquel est dressée la pierre sur laquelle il fut brûlé vif. A l'arrière de l'Eglise, je vois une chapelle extrêmement riche, dont les murs sont entièrement couverts de mosaïques les plus fines ; au milieu se dresse le tombeau de Pie IX, devant lequel nous nous agenouillons.

En sortant de cette Eglise, nous entrons au Campo Verano, un des grands cimetières de Rome ; j'y vois le monument élevé à la mémoire des Zouaves Pontificaux tués à la bataille de Mentana, où Garibaldi fut vaincu en 1867. Nous revenons alors via del Pozzetto, et le Père général me propose de m'accompagner, le lendemain, à Naples et à Pompéï, ce que j'accepte avec le plus grand plaisir.

J'ai passé l'après-midi à visiter d'autres quartiers, d'autres Eglises et d'autres monuments, dont je ne puis faire la description, car je n'y ai rien vu de bien remarquable. Toutes les Eglises de Rome sont assurément intéressantes, car toutes contiennent des œuvres d'art ou des reliques insignes, mais elles se ressemblent beaucoup, à part les principales Basiliques, et il deviendrait fastidieux de les décrire toutes, d'autant plus qu'il en existe à Rome plusieurs centaines. Je crois avoir visité les plus importantes et les plus célèbres pendant mon trop court séjour. Je quitterai Rome très enchanté de toutes les merveilles que j'y ai vues, avec le regret, néanmoins, de n'avoir pu tout voir, mais aussi avec l'espoir d'y revenir un jour, ne serait-ce que pour visiter les incomparables musées dans lesquels je n'ai pu mettre le pied, faute de temps.

Le vendredi, nous sommes donc partis pour Naples. En quittant Rome, j'aperçois les ruines des immenses aqueducs Romains, canaux découverts en maçonnerie, supportés par d'interminables séries d'arcades. Certains aqueducs portaient trois cours d'eau séparés dans des canaux distincts, l'un au-dessus de l'autre; d'autres avaient deux ou trois rangées d'arches superposées quand ils devaient traverser des vallées profondes.

Nous passons entre les monts Albains et les montagnes de la Sabine, voici Palestrina, Aquinum, patrie de Saint Thomas d'Aquin; sur la montagne, à gauche, l'abbaye du mont Cassin, fondée par Saint Benoît; Capoue, la célèbre ville, Caserte, et, dans le lointain, le masif des montagnes du Vésuve. Enfin, Naples nous apparaît, s'élevant en amphithéâtre sur les collines qui entourent le golfe de Naples.

———◦◦◦◦———

NAPLES ET POMPEÏ

Il est deux heures quand nous sortons de la gare, le temps est superbe et le soleil rayonne. Après avoir déposé nos bagages dans un magnifique hôtel face à la mer où nous sommes accueillis comme des princes, pour la bonne raison que nous sommes à peu près seuls dans l'hôtel, nous prenons une voiture qui doit nous conduire à San Martino, point le plus élevé des collines qui entourent le golfe de Naples et d'où l'on découvre tout le pays environnant.

La route contourne la montagne, sur les flancs de laquelle sont bâties de très jolies villas avec de superbes jardins ; après une heure et demie d'ascension, nous arrivons au sommet et nous avons devant les yeux un des plus beaux panoramas qui soient au monde. A nos pieds les innombrables maisons de cette grande ville, qui compte 600.000 habitants ; plus loin, l'admirable golfe de Naples, borné à droite par le Pausilippe, les îles de Procida et d'Ischia, à gauche par le massif du Vésuve qui, en ce moment, fume doucement par plusieurs de ses cratères ; dans le fond la presqu'île de Sorrente et l'île de Capri.

La mer et le ciel sont d'un bleu intense, le soleil brille d'un vif éclat, le spectacle est magique et ne peut se décrire ; nous restons longtemps en admiration devant cet admirable panorama, et le jour commence à tomber quand nous reprenons la voiture pour redescendre en ville. Les maisons s'éclairent, et nous apercevons dans presque toutes un tableau ou une statue de la Sainte Vierge, au bas desquels sont allumés des cierges. Les Napolitains ont un culte tout spécial à la Vierge ; il y a assurément à Naples beaucoup de coquins et de gens sans aucune valeur morale, mais, malgré tout, ils honorent la Madone et ont pour Elle le culte le plus respectueux. On compte à Naples 257 églises et 239 chapelles.

Le samedi matin, changement de décor, la pluie tombe à torrents! Nous achetons des parapluies qui nous préservent à peine; nous visitons la Cathédrale où se trouve l'insigne relique de Saint Janvier; le sang de ce saint Evêque, martyr, est conservé dans deux vases et se liquéfie trois fois par an. La chapelle qui renferme cette précieuse relique a coûté cinq millions, c'est assez dire quelle en est la richesse. Nous gagnons ensuite la gare et le train nous emmène vers Pompéï.

Nous traversons de vastes terrains encombrés par des blocs de lave, nous passons à Portici, Torre del Greco, petite ville détruite quatre fois par des torrents de lave et des tremblements de terre, et toujours reconstruite sur le même emplacement, et nous descendons à Pompéï.

Aussitôt sortis de la gare, nous entrons dans les ruines qui s'élèvent sur un immense espace, car cette ville comptait 30.000 habitants : des éruptions successives l'ensevelirent sous un amas de pierres et de cendres, qui atteignait jusqu'à six mètres d'épaisseur.

La dernière éruption, dont Pompéï ne s'est pas relevée, date de l'an 79 après Jésus-Christ; elle fut accompagnée d'un épouvantable tremblement de terre; pendant deux ou trois jours la nuit fut complète et l'atmosphère remplie de fumée à tel point qu'on ne pouvait plus respirer, le Vésuve vomissait des torrents de lave et de cendres. Les habitants de Pompéï affolés par les oscillations des édifices s'enfuirent dans les champs, beaucoup se dirigèrent vers la mer dans l'espoir de fuir sur les navires et les barques qui se trouvaient ancrés au rivage. Mais, par suite du tremblement de terre, la mer s'était retirée de telle façon que ces navires et ces barques se trouvaient à sec et que quantité de poissons se mouraient sur le rivage. Peu de cadavres furent retrouvés dans la ville, il y en eut bien davantage dans les environs, car, comme je viens de le dire, beaucoup d'habitants furent arrêtés par la mer, d'autres par le débordement de la rivière du Sarno : de nombreux Pompéïens se perdirent à cause de l'obscurité et moururent sur place, asphyxiés par la fumée; d'autres, enfin, enfermés dans leurs maisons, où ils avaient voulu attendre la fin du cataclysme, s'étaient décidés trop tard à en sortir et y trouvèrent une mort affreuse.

Le vent porta des cendres jusqu'en Afrique, en Syrie et en Egypte, elles arrivèrent même à Rome en telle quantité qu'elles obscurcirent le soleil.

La ville fut ensevelie sous la lave et les cendres, à tel point qu'on perdit même le souvenir de son existence, car la terre végétale se refit peu à peu sur ces champs désolés ! La terre rajeunie, se couvrit, comme autrefois, d'abondantes moissons.

En l'année 1594, soit plus de 1500 ans après la catastrophe, on retrouva d'importants vestiges en creusant un aqueduc qui devait amener les eaux du Sarno à la petite ville de Torre Annunziata et on eut alors l'idée seulement qu'on se trouvait en face des ruines de Pompéi.

Ce ne fut qu'en 1748 que l'on commença quelques fouilles, vite abandonnées par suite du manque de ressources ; elles furent reprises en différentes fois dans les années suivantes, grâce surtout aux efforts et aux subsides de la France, et sont encore continuées à cette époque sous la direction d'ingénieurs habiles et de savants archéologues.

Les murs de la ville formaient une enceinte de 2.600 mètres de circuit ; la partie découverte représente à peu près la moitié de la ville : elle comprend le Forum, plusieurs temples et édifices publics, deux théâtres et de nombreuses maisons particulières dont quelques-unes de très vastes dimensions.

Les rues sont pavées de grands blocs de lave ; la circulation y devait être très intense, car les voitures ont creusé de profondes ornières dans le pavé ; les maisons se retrouvent avec toutes leurs dispositions intérieures, mais les toitures ont disparu ainsi que les étages. Nous en visitons plusieurs qui devaient être occupées par des marchands, on y aperçoit des tables en marbre qui servaient de comptoirs, des magasins où les marchandises étaient renfermées ; celle-ci est encombrée de grandes amphores où l'on conservait le vin, c'était, sans doute, la maison d'un marchand de vins ; dans cette autre on voit plusieurs moulins composés de deux grosses pierres de forme conique, celle du haut tournait sur l'autre en écrasant le grain, c'était ici, sans aucun doute, la demeure d'un boulanger.

Les maisons riches étaient couvertes de peintures dont on retrouve de nombreuses traces et d'intéressants fragments de scènes mythologiques, de paysages variés, de sujets de tous genres qui attestent encore, en même temps que la richesse, l'immoralité des propriétaires.

Pompéï était une ville de luxe et de débauche, et quand on parcourt ces lamentables ruines on ne peut s'empêcher d'y trouver la manifestation évidente et terrible des châtiments Divins. Nous entrons dans un petit musée contenant des objets de toutes sortes, trouvés dans les fouilles : quantité de pièces en bronze et en terre cuite, statues et vases de toutes formes et de toutes dimensions, armes et ustensiles divers, squelettes d'animaux, squelettes et ossements humains, moulages de cadavres dans l'attitude où les personnes se trouvaient au moment de la catastrophe.

En sortant, nous visitons les restes du Forum, du temple d'Apollon, d'un théâtre qui pouvait contenir 5.000 spectateurs, des Thermes, des maisons de Salluste et de Cicéron, de la voie des tombeaux et de la villa de Diomède.

La disposition intérieure des maisons était la même que dans les maisons romaines, et j'en ferai la description en parlant de ma dernière promenade à Rome, au Palatin. A midi, nous avions terminé la visite de ces tristes lieux, et jetant un dernier regard vers le Vésuve, instrument de tant de ruines, nous reprenons le train pour Naples et ensuite pour Rome, où nous sommes de retour à neuf heures du soir.

DERNIERE JOURNÉE
A ROME

Le dimanche 20 novembre fut le dernier jour de mon séjour à Rome, et je le mets à profit de mon mieux, en me dirigeant vers le Palatin après avoir assisté à la Messe dans l'Eglise des Pères.

Le Palatin a été le berceau de la Rome primitive, les anciens y ont montré longtemps la cabane de Romulus et de Remus ainsi que l'antre de la Louve qui les allaita; on a découvert de nos jours les restes de son enceinte. Auguste, qui naquit sur le Palatin, y construisit son Palais impérial, un temple à Apollon et de vastes bibliothèques. Tibère y construisit également son palais; Septime Sévère y fit aussi d'importantes constructions, et c'est au milieu de toutes ces ruines que je me dirige un peu à l'aventure.

Je passe devant les restes du Palais de Tibère, recouverts en partie par un jardin; ce palais devait être considérable, il est difficile de se faire une idée de ses dispositions générales, attendu qu'une grande partie des bâtiments n'est pas encore déblayée. J'arrive ensuite devant la maison de Livie, mère de Tibère, et où elle se retira après la mort de l'empereur Auguste, qu'elle épousa après avoir divorcé avec Néron. ⟨⟩ Après avoir descendu quelques marches, j'entre dans une cour carrée sur laquelle donnent trois pièces ornées de très belles et très intéressantes peintures; à droite de la cour se trouve le *Triclinium* ou salle à manger, dont les murailles conservent également de belles peintures. Cette maison n'est assurément pas complète, et je crois intéressant de donner ici la description sommaire d'une maison Romaine telle que j'en ai vu à Pompéï où, comme je l'ai dit plus haut, on peut très facilement se rendre compte des dispositions d'ensemble qui se reproduisaient presque dans toutes les maisons de l'aristocratie et même de la bourgeoisie. Voici donc la description d'une des maisons les mieux conservées de Pompéï, celle de Pansa.

Il y avait tout d'abord l'entrée, qui conduisait dans une cour à ciel ouvert et qu'on appelait l'*Atrium*. Cette cour était entourée d'une galerie couverte, au milieu se trouvait un bassin, l'*Impluvium*, destiné à recevoir l'eau de pluie des toitures; souvent, près de l'*Impluvium* se trouvait l'autel où la famille offrait des sacrifices aux Pénates ou dieux protecteurs de la maison; à droite et à gauche se trouvaient les chambres à coucher, *Cubi*

cula; les espaces ouverts à la suite s'appelaient ailes
(*alae*), on y plaçait les images des ancêtres. Au fond
de l'Atrium était enfin une grande salle ouverte, le
Tablinum, où le maître de la maison recevait ses
clients et traitait ses affaires.

La seconde partie de la maison était réservée à la vie
privée : au milieu se trouvait une cour ou un jardin
entouré de colonnes et appelée *Peristylium*. Autour de
ce péristyle se groupaient la salle à manger, *Triclinium*, le salon *Oecus*, et la cuisine *Culina*. La plupart
des maisons avaient un étage qui servait surtout aux
esclaves.

J'aurais voulu m'étendre davantage sur la description détaillée d'une maison romaine et de la manière
de vivre des Romains, mais il me semble que cela n'aug-
menterait guère l'intérêt de mon récit de voyage et
m'obligerait à des recherches assurément très agréa-
bles et instructives, mais auxquelles je n'ai guère le
temps de me livrer.

Je reprends donc ma promenade vers les ruines du
Palais d'Auguste; composé de vastes salles d'apparat
et de réception qui n'existent plus, bien entendu. La
salle du milieu où l'empereur donnait audience mesurait 45 mètres sur 36 mètres; il est difficile de se faire
une idée de ce qu'était la magnificence de cette immense
salle toute recouverte des marbres les plus précieux et
renfermant de superbes statues dont on ne retrouve que
des fragments.

Un peu plus loin était la Basilique où l'empereur rendait la justice, puis venait à la suite le péristyle, jardin carré de 54 mètres de côté entouré d'une colonnade. Sur ce péristyle s'ouvrait le *Triclinium* ou salle à manger, pavé de dalles de porphyre; à côté une salle à manger d'été avec une fontaine au centre. En quittant le Palais d'Auguste, j'arrive aux ruines du *Stadium*, espace de 160 mètres de long sur 48 de large: le *Stadium* était une arène pour les courses à pied et les combats de gymnastique; tout autour s'élevaient des gradins où les spectateurs prenaient place.

De là je me rends aux ruines du Palais de Septime Sévère, il en reste malheureusement trop peu pour qu'il me soit possible d'en parler; en les parcourant j'arrive sur une plateforme élevée, d'où la vue s'étend sur la campagne romaine et les Thermes de Caracalla.

C'est ici que je termine ma promenade au Palatin et que je borne la description de ses ruines si intéressantes qui démontrent suffisamment ce qu'étaient la richesse et l'ampleur des constructions romaines, la puissance et le génie des architectes et des constructeurs, et l'habileté des artistes qui ont collaboré à la décoration de ces splendides demeures impériales.

Toutefois, avant de revenir en ville, j'ai tenu à voir les ruines des célèbres Thermes de Caracalla, situés à peu de distance du Palatin et dont je crois devoir dire au moins quelques mots.

Ces Thermes ou Bains romains furent construits par

Caracalla, 212 ans après Jésus-Christ ; ils étaient entourés d'un mur d'enceinte formant un carré de 330 mètres de côté ; ils contenaient 1.600 baignoires en marbre ; leur somptuosité était merveilleuse : de vastes salles servaient aux onctions, aux bains tièdes, aux bains froids, aux bains de vapeur, aux massages, d'autres servaient de bibliothèques ou de galeries de tableaux. D'autres encore pour les divertissements, les exercices de gymnastique, le repos ; il s'y trouvaient de magnifiques jardins, des galeries couvertes pour la promenade, des piscines publiques d'eau chaude et d'eau froide. On y trouvait, en un mot, tout ce qui pouvait contribuer à procurer des jouissances matérielles ou intellectuelles à une population riche et adonnée au luxe et aux plaisirs.

Le soir étant venu je repris, pour la dernière fois, le chemin de la maison des bons Pères du Saint-Sacrement, que je quittais le lendemain matin, après leur avoir adressé à tous de bien sincères remerciements pour leur accueil si cordial dont je conserverai toujours le plus agréable souvenir.

Vers huit heures, le train m'emportait vers Gênes où j'arrivais le soir de ce même jour, après un superbe voyage sur les bords de la Méditerranée, qu'on ne cesse de cotoyer et qui offrent à tout instant de ravissants points de vue.

GENES = MONACO
MARSEILLE

Me voici à Gênes, à 390 kilomètres de Rome et à 1.060 kilomètres de Lille. Cette ville de 160.000 habitants est bâtie en amphithéâtre demi-circulaire au fond du golfe de Gênes. Elle est dominée de toutes parts par les montagnes et entourée de forts et d'une enceinte de 60 bastions ayant 62.600 mètres de tour.

L'aspect de la ville est sévère et triste mais le port est très animé et très important. Ses palais sont nombreux et fastueux et lui ont valu le surnom de Gênes-la-Superbe. Cette ville a une histoire très glorieuse, car de tout temps son port fut réputé comme un des plus commerçants du monde et il est encore le port le plus marchand de l'Italie. Je me suis arrêté à Gênes pour visiter le Campo Santo, un des plus grands et des plus riches de l'Italie; on m'en avait dit merveille. J'avoue que j'ai été un peu déçu de ma promenade à travers cette immense nécropole où je croyais rencontrer quelques chefs-d'œuvre parmi la multitude de monuments funéraires qui la remplissent. Plusieurs de ces monuments sont très remarquables par les difficultés étonnantes qu'a dû produire leur exécution, mais on ne sent, dans aucun, vibrer la conception d'un véritable artiste.

Je reprends le train pour Vintimille, où je passe la nuit et j'arrive le jeudi matin à Monaco, où je voulais m'arrêter pour y revoir les importants travaux exécutés par mon père, il y a trente ans environ, pour les ameublements de la Cathédrale et de l'Eglise Saint-Charles à Monte-Carlo.

Depuis cette époque que de changements dans cette ville, où tous les terrains libres alors sont maintenant couverts d'élégantes villas et de somptueux hôtels. Je monte à la Cathédrale, actuellement terminée, et je visite le Musée Océanographique, édifié ces dernières années par le Prince régnant; ce musée est excessivement intéressant, il contient de magnifiques collections de plantes marines et de poissons de tous genres.

De là je me rends au Casino de Monte-Carlo : ici, que de changements aussi ! Quand je suis venu au Casino pour la première fois, en 1884, il y avait six tables de jeux, dont le service était assuré par 50 croupiers et l'établissement réalisait bon an mal an un bénéfice net de 12 à 15 millions. Actuellement 26 tables de jeux sont en service, nécessitant un personnel composé de 400 croupiers et l'établissement réalise un bénéfice annuel variant entre 40 et 50 millions ! Ce qui fait peine à voir, ce sont les femmes âgées qui assiègent les tables de jeux; beaucoup plus que les hommes, elles semblent passionnées pour ces jeux de hasard.

En quittant sans regret ces salons si riches, si souvent, aussi, témoins de tant de ruines, je cause à un vieux gardien, et lui communique mes impressions; et philosophiquement ce brave homme me dit : « Voyezvous, Monsieur, ici, que l'on joue rouge ou noir, c'est toujours Blanc qui gagne ». Personne n'ignore que le président de l'administration de l'établissement est M. Blanc, dont la famille réalise depuis nombre d'années des bénéfices scandaleux avec cet immoral établissement.

J'arrive enfin à Marseille où je ne passe qu'une journée pour revoir la Cathédrale, le Port, Notre-Dame de la Garde et naturellement, aussi, la Canebière et, le vendredi soir, 25 novembre, je repars pour Paris, où j'arrive le samedi matin.

Quelques heures plus tard, je me retrouve à Lille, bien heureux, après trois semaines d'absence, de retrouver les miens en bonne santé et de reprendre mes occupations habituelles.

J'espère avoir réussi à intéresser mes lecteurs; je les prie d'excuser mon inexpérience dans l'art d'écrire : certaines descriptions sont, sans aucun doute, trop longues ou trop brèves, j'ai laissé aller ma plume au gré de mes impressions et de mes souvenirs. Je confesse, en terminant, que j'ai dû faire quelques petits emprunts à certains ouvrages, car ceux qui me liront comprendront facilement, qu'en leur donnant des indications précises sur les dimensions des monuments que j'ai visités, je me suis bien gardé de les mesurer moi-même. Enfin, j'ai fait ce que j'ai pu pour rendre aussi intéressant que possible ce modeste récit de voyage. Puissé-je avoir réussi dans la mesure cherchée.

Lille, le 15 février 1912.

Ed. BUISINE,

Chevalier de Saint-Grégoire le Grand.

Lille. Imp. de *La Croix du Nord*. — 44131